고려대 재미있는 한국어

말하기 Speaking

고려대학교 한국어센터 편

2

中文版

KU PRESS
고려대학교출판문화원

책을 내며

고려대학교 한국어센터는 1986년 설립된 이래 한국어와 한국 문화를 재미있게 배우고 효과적으로 가르치는 방법을 연구해 왔습니다. 《고려대 한국어》와 《고려대 재미있는 한국어》는 한국어센터에서 내놓는 세 번째 교재로 그동안 쌓아 온 연구 및 교수 학습의 성과를 바탕으로 하고 있습니다.

이 책의 가장 큰 특징은 한국어를 처음 접하는 학습자도 쉽게 배워서 바로 사용할 수 있도록 구성했다는 점입니다. 한국어 환경에서 자주 쓰이는 항목을 최우선하여 선정하고 이 항목을 학습자가 교실 밖에서 사용할 수 있도록 연습 기회를 충분히 그리고 다양하게 제공하고 있습니다.

이 책을 내기까지 많은 분들의 도움을 받았습니다. 먼저 지금까지 고려대학교 한국어센터에서 한국어를 공부한 학습자들께 감사드립니다. 쉽고 재미있는 한국어 교수 학습에 대한 학습자들의 다양한 요구가 없었다면 이 책은 나오지 못했을 것입니다. 그리고 한국어 학습자들의 요구에 부응하기 위해 열정적으로 교육과 연구에 헌신하고 계신 고려대학교 한국어센터의 선생님들께도 감사드립니다.

무엇보다 한국어 학습자와 한국어 교원의 요구 그리고 한국어 교수 학습 환경을 종합적으로 고려한 최상의 한국어 교재를 위해 밤낮으로 고민하고 집필에 매진하신 고려대학교 국어국문학과 김정숙 교수님을 비롯한 저자분들께 깊은 감사를 드립니다. 이 밖에도 이 책이 보다 멋진 모습을 갖출 수 있도록 도와주신 고려대학교 출판문화원의 윤인진 원장님과 직원 여러분께도 감사드립니다. 그리고 집필진과 출판문화원의 요구를 수용하여 이 교재에 맵시를 입히고 멋을 더해 주신 랭기지플러스의 편집 및 디자인 전문가, 삽화가의 노고에도 깊은 경의를 표합니다.

부디 이 책이 쉽고 재미있게 한국어를 배우고자 하는 한국어 학습자와 효과적으로 한국어를 가르치고자 하는 한국어 교원 모두에게 도움이 되기를 바랍니다. 또한 앞으로 한국어 교육의 내용과 방향을 선도하는 역할도 아울러 할 수 있게 되기를 희망합니다.

2019년 7월

국제어학원장 박성철

이 책의 특징

《고려대 한국어》와 《고려대 재미있는 한국어》는 '형태를 고려한 과제 중심 접근 방법'에 따라 개발된 교재입니다. 《고려대 한국어》는 언어 항목, 언어 기능, 문화 등이 통합된 교재이고, 《고려대 재미있는 한국어》는 말하기, 듣기, 읽기, 쓰기로 분리된 기능 교재입니다.

《고려대 한국어》 2A와 2B가 100시간 분량, 《고려대 재미있는 한국어》 말하기, 듣기, 읽기, 쓰기가 100시간 분량의 교육 내용을 담고 있습니다. 200시간의 정규 교육 과정에서는 여섯 권의 책을 모두 사용하고, 100시간 정도의 단기 교육 과정이나 해외 대학 등의 한국어 강의에서는 강의의 목적이나 학습자의 요구에 맞는 교재를 선택하여 사용할 수 있습니다.

《고려대 재미있는 한국어》의 특징

▶ **한국어를 처음 배우는 학습자도 쉽게 배울 수 있습니다.**

- 한국어 표준 교육 과정에 맞춰 성취 수준을 낮췄습니다. 핵심 표현을 정확하고 유창하게 사용하는 것이 목표입니다.
- 제시되는 언어 표현을 통제하여 과도한 입력의 부담 없이 주제와 의사소통 기능에 충실할 수 있습니다.
- 알기 쉽게 제시하고 충분히 연습하는 단계를 마련하여 학습한 내용의 이해에 그치지 않고 바로 사용할 수 있습니다.

▶ **학습자의 동기를 이끄는 즐겁고 재미있는 교재입니다.**

- 한국어 학습자가 가장 많이 접하고 흥미로워하는 주제와 의사소통 기능을 다룹니다.
- 한국어 학습자의 특성과 요구를 반영하여 실제적인 자료를 제시하고 유의미한 과제 활동을 마련했습니다.
- 한국인의 언어생활, 언어 사용 환경의 변화를 발 빠르게 반영했습니다.
- 친근하고 생동감 있는 삽화와 입체적이고 감각적인 디자인으로 학습의 재미를 더합니다.

《고려대 재미있는 한국어 2》의 구성

▶ 말하기 20단원, 듣기 10단원, 읽기 10단원, 쓰기 13단원으로 구성하였으며 한 단원은 내용에 따라 1~4시간이 소요됩니다.

▶ 각 기능별 단원 구성은 아래와 같습니다.

말하기
- 도입: 학습 목표 / 생각해 봐요
- 배워요 1~2: 주제, 기능 수행에 필요한 어휘와 문법 제시 및 연습
- 말해요 1~3: • 형태적 연습/유의적 연습 • 의사소통 말하기 과제 • 역할극/짝 활동/게임 등
- 자기 평가

듣기
- 도입: 학습 목표 / 음운 구별
- 들어요 1: 어휘나 표현에 집중한 부분 듣기
- 들어요 2~3: 주제, 기능과 관련된 다양한 듣기
- 자기 평가
- 더 들어요: 표현, 기능 등이 확장된 듣기

읽기
- 도입: 학습 목표 / 생각해 봐요
- 읽어요 1: 어휘나 표현에 집중한 부분 읽기
- 읽어요 2~3: 주제, 기능과 관련된 다양한 읽기
- 자기 평가
- 더 읽어요: 표현, 기능 등이 확장된 읽기

쓰기
- 도입: 학습 목표
- 써요 1: 어휘나 표현에 집중한 문장 단위 쓰기
- 써요 2: 주제, 기능에 맞는 담화 차원의 쓰기
- 자기 평가

▶ 교재의 앞부분에는 '이 책의 특징'을 배치했고, 교재의 뒷부분에는 '정답'과 '듣기 지문', '어휘 찾아보기', '문법 찾아보기'를 부록으로 넣었습니다.

▶ 모든 듣기는 MP3 파일 형태로 내려받아 들을 수 있습니다.

《고려대 재미있는 한국어 2》의 목표

일상생활에서 자주 접하는 주제인 자기소개, 건강, 여가 활동, 가족, 여행 등에 대해 이해하고 표현할 수 있습니다. 길 묻기, 옷 사기, 축하와 위로하기 등의 기본적인 의사소통 기능을 수행할 수 있습니다. 한국어의 높임말과 반말의 쓰임을 알고 구별하여 말할 수 있습니다.

本书的特点

《高丽大学韩国语》和《高丽大学有趣的韩国语》是遵循“任务聚焦并考虑形式的方法”而开发的教材。《高丽大学韩国语》是涵盖了语言项目、语言技能和文化的综合教材，《高丽大学有趣的韩国语》是听、说、读、写相区分的技能教材。

《高丽大学韩国语》2A和2B包含100小时的教育内容，《高丽大学有趣的韩国语》包含听、说、读、写在内的100小时教育内容。在200小时的常规课程体系中六本书全部使用，在100小时左右的短期教育课程或海外大学的韩国语课程中，可选择符合授课目的或学习者要求的教材使用。

《高丽大学有趣的韩国语》的特点

▶ **初学韩国语的学习者也可轻松学习。**

- 配合韩国语标准教育课程，降低了难度水平。将准确，流畅地使用核心表达方式作为目标。
- 通过控制所呈现的语言表达方式，减少过度灌输的负担，从而集中于主题和沟通技巧。
- 以清晰易懂的方式呈现，并通过充分的练习，实现快速地学以致用。

▶ **激励学习者学习热情的，生动、有趣的教材。**

- 涉及韩语学习者最熟悉和最感兴趣的主题及沟通技巧。
- 映韩国语学习者的特点和要求，提供实际资料，准备了有意义的课题活动。
- 及时反映了韩国人的语言生活和韩语语言环境的变化。
- 贴切生动的插画和富有立体感，品味出众的设计，增添了学习的乐趣。

《高丽大学有趣的韩国语2》的构成

▶ 本书由20个口语单元、10个听力单元、10个阅读单元和13个写作单元所构成，各单元因内容差异大约需要1~4个小时的学习时间。

▶ 听说读写各单元的结构如下。

说一说	引入	学一学 1~2	口语 1~3	自我评价
	学习目标 想一想	展示主题以及履行功能所需的词汇和语法，并进行练习	• 形式练习、有意义的练习 • 口语交际任务 • 角色扮演/结对活动/做游戏等	

听一听	引入	听力 1	听力 2~3	自我评价	再听一听
	学习目标 分辨音韵	集中于词汇及表达方式部分的精听	与主题、技能相关的各类泛听		对表达方式和技能进行的扩展泛听

读一读	引入	阅读 1	阅读 2~3	自我评价	再读一读
	学习目标 想一想	集中于词汇及表达方式部分精读	与主题、技能相关的各类泛读		对表达方式和技能进行的扩展泛读

写一写	引入	写作 1	写作 2	自我评价
	学习目标	集中于词汇及表达方式的句子写作	与主题，技能相符的语篇写作	

▶ 教材的前面加入“本书的特点”、教材的后面则以附录形式收录了“正确答案”、“听力原文”、“词汇索引”和“语法索引”。

▶ 所有听力内容均可以MP3文件格式下载，供学习者进行听力练习。

《高丽大学有趣的韩国语2》的目标

能够理解并正确表达自我介绍、健康、休闲活动、家人、旅行等日常生活中常见的主题。可以成功完成问路、买衣服、祝贺和安慰他人等基本的交际功能。能够理解并正确地使用韩国语当中的敬语和平语。

이 책의 특징 本书的特色

단원 제목 单元的题目

학습 목표 学习目标

- 단원의 의사소통 목표입니다.
  本单元的交际目标。

생각해 봐요 想一想

- 그림이나 사진을 보며 단원의 주제 또는 기능을 생각해 봅니다.
  看图片或照片，想一想本单元所涉及的主题和技能。

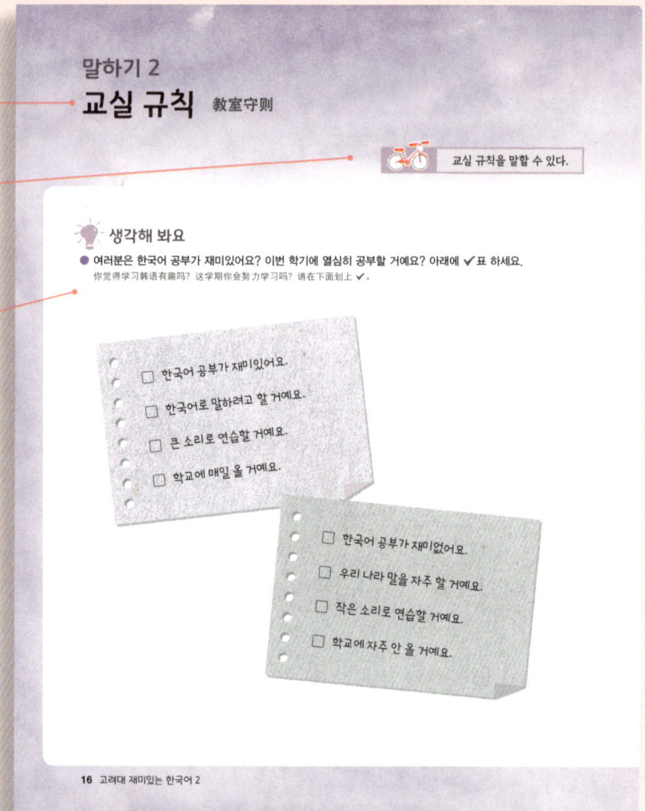

말해요 1 说一说 1

- 의사소통 목표를 달성하기 위한 말하기 과제 활동입니다.
  为达到语言交际目标而进行的会话练习活动。
- 게임, 역할극 등으로 활동 유형이 다양하게 제시되며 짝활동, 소그룹 활동, 교실 밖 활동 등으로 활동 방식의 변화를 주어 진행합니다.
  安排了游戏、角色扮演等丰富多样的活动类型，通过结对活动，小组活动、课外活动等，以多变的活动形式来进行。

자기 평가 自我评价

- 학습 목표의 달성 여부를 학습자가 스스로 점검합니다.
  由学习者自我检查是否达到了学习目标。

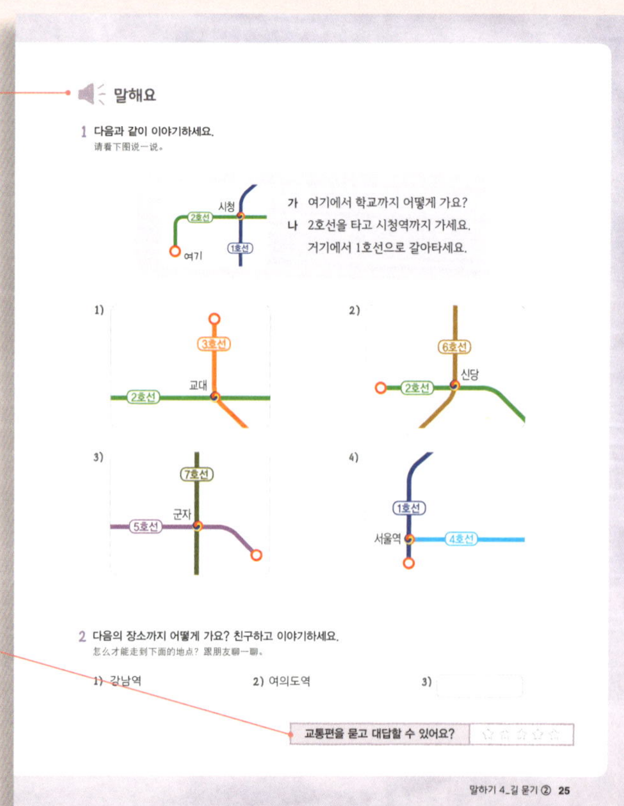

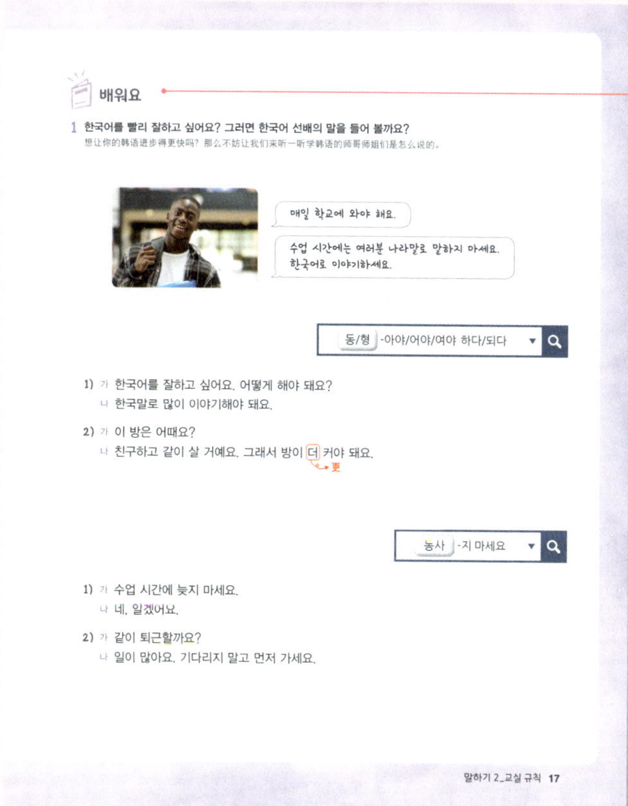

배워요

1 한국어를 빨리 잘하고 싶어요? 그러면 한국어 선배의 말을 들어 볼까요?
想让你的韩语进步得更快吗？那么不妨让我们来听一听学韩语的师哥师姐们是怎么说的。

동/형 -아야/어야/여야 하다/되다

1) 가 한국어를 잘하고 싶어요. 어떻게 해야 돼요?
나 한국말로 많이 이야기해야 돼요.

2) 가 이 방은 어때요?
나 친구하고 같이 살 거예요. 그래서 방이 더 커야 돼요.
更

동사 -지 마세요

1) 가 수업 시간에 늦지 마세요.
나 네, 알겠어요.

2) 가 같이 퇴근할까요?
나 일이 많아요. 기다리지 말고 먼저 가세요.

말하기 2_교실 규칙 17

배워요 学一学

- 단원의 주제를 표현하거나 의사소통 기능을 수행하는 데 필요한 어휘나 문법 항목입니다.
  表达单元主题或履行交际功能时所需的词汇和语法项目。

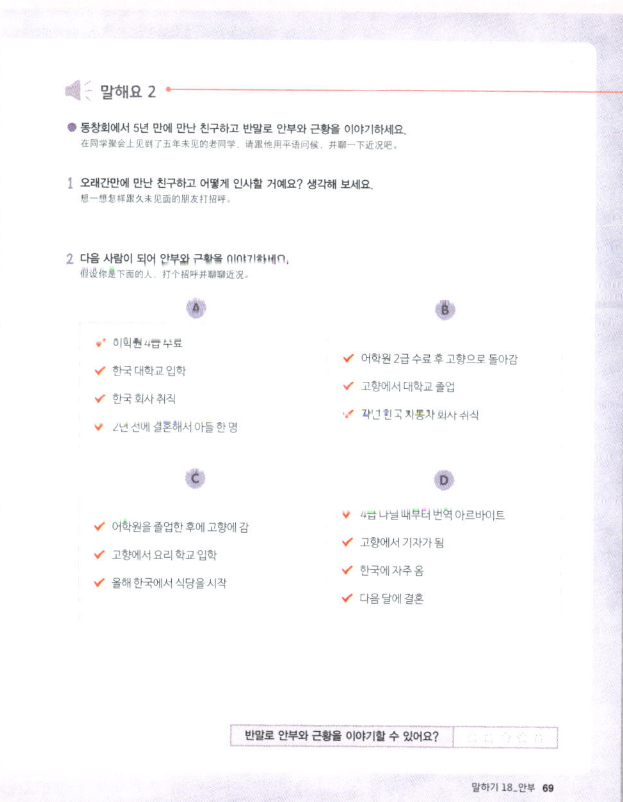

말해요 2

● 동창회에서 5년 만에 만난 친구하고 반말로 안부와 근황을 이야기하세요.
在同学聚会上见到了五年未见的老同学，请跟他用平语问候，并聊一下近况吧。

1 오래간만에 만난 친구하고 어떻게 인사할 거예요? 생각해 보세요.
想一想怎样跟久未见面的朋友打招呼。

2 다음 사람이 되어 안부와 근황을 이야기하세요.
假设你是下面的人，打个招呼并聊聊近况。

A
- 어학원 4급 수료
- 한국 대학교 입학
- 한국 회사 취직
- 2년 전에 결혼해서 아들 한 명

B
- 어학원 2급 수료 후 고향으로 돌아감
- 고향에서 대학교 졸업
- 작년 한국 자동차 회사 취직

C
- 어학원을 졸업한 후에 고향에 감
- 고향에서 요리 학교 입학
- 올해 한국에서 식당을 시작

D
- 4급 나뉠 때부터 번역 아르바이트
- 고향에서 기자가 됨
- 한국에 자주 옴
- 다음 달에 결혼

반말로 안부와 근황을 이야기할 수 있어요?

말하기 18_안부 69

말해요 2 说一说 2

- 확장된 말하기 과제 활동입니다. 실제적이고 유의미한 맥락에서 의사소통 목적에 초점을 두고 말하기를 수행합니다.
  有所扩展的口语练习活动。在贴近现实和有意义的场景中，将重点放在语言交际目的上而进行的口语练习。
- 교육 과정이나 학습자 수준에 따라 선택적으로 활동을 합니다.
  可根据教学课程或学习者的水平有选择地进行活动。

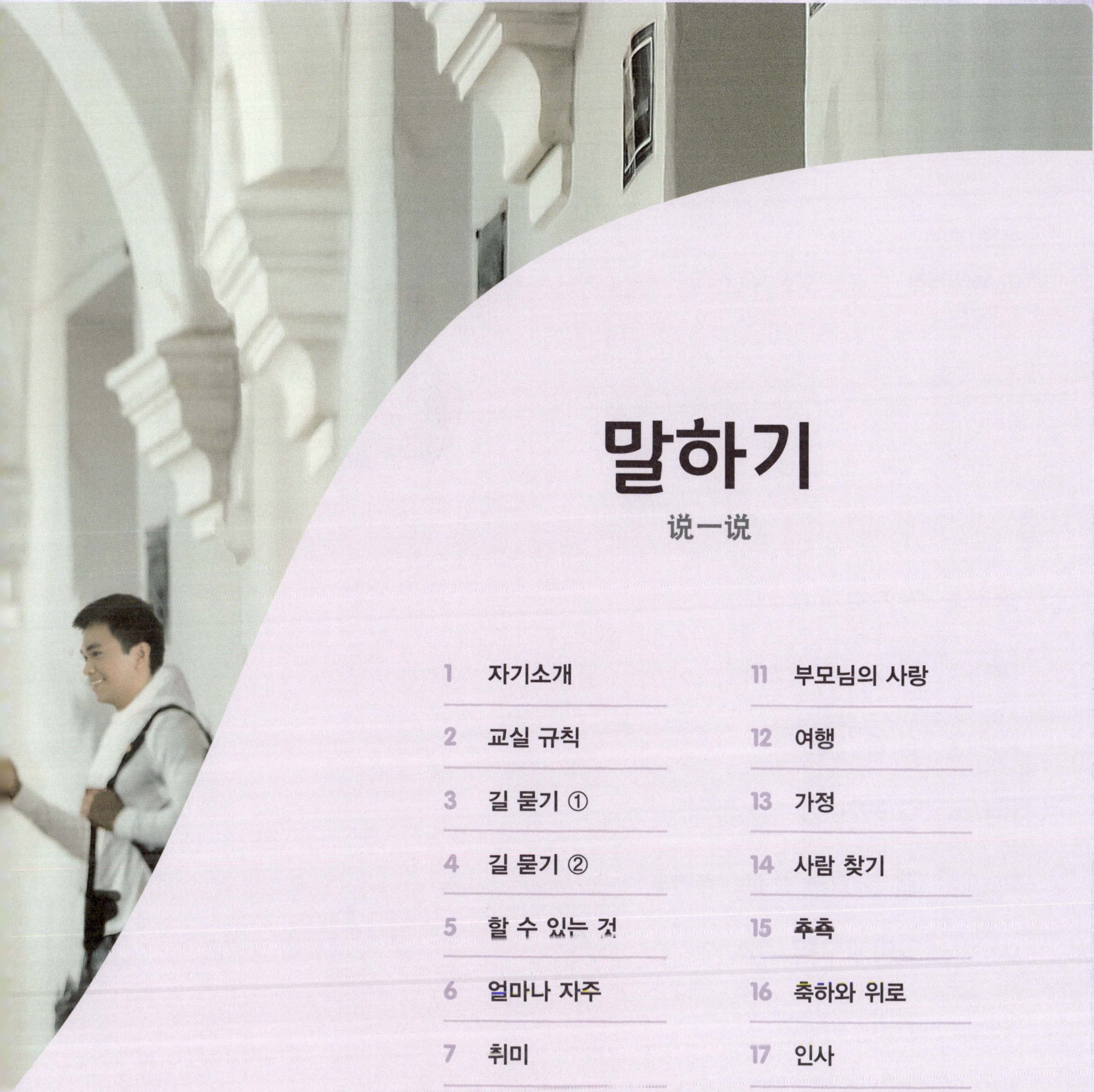

말하기

说一说

차례 目录

부록

말하기 1

자기소개 自我介绍

자기소개를 할 수 있다.

생각해 봐요

● 다음 사진을 보세요. 이 사람은 무엇을 하고 있어요?
看以下照片。这个人正在做什么？

말해요

1 여러분도 자기소개를 할 거예요. 먼저 무엇을 소개할 거예요? 생각해 보세요.
你也需要做自我介绍，你会先介绍哪些内容？想一想。

이름

직업

왜 한국어를 공부해요?

국적

한국에 언제 왔어요?

나이

앞으로 무엇을 할 거예요?

2 **처음 인사와 마지막 인사말도 생각해 보세요.**
同时也请想一想你要用什么话开始，用什么话结束你的介绍。

3 **친구들 앞에서 자기소개를 하세요.**
请在同学们面前做一次自我介绍。

4 **친구에 대해 많이 알게 되었어요? 더 궁금한 것이 있으면 질문하세요.**
对你的同学有更多的了解了吗？如果还有什么想知道的，就向他们提问题吧。

자기소개를 할 수 있어요?	☆ ☆ ☆ ☆ ☆

말하기 2

교실 규칙 教室守则

교실 규칙을 말할 수 있다.

생각해 봐요

● 여러분은 한국어 공부가 재미있어요? 이번 학기에 열심히 공부할 거예요? 아래에 ✔표 하세요.
你觉得学习韩语有趣吗？这学期你会努力学习吗？请在下面划上 ✔。

- ☐ 한국어 공부가 재미있어요.
- ☐ 한국어로 말하려고 할 거예요.
- ☐ 큰 소리로 연습할 거예요.
- ☐ 학교에 매일 올 거예요.

- ☐ 한국어 공부가 재미없어요.
- ☐ 우리 나라 말을 자주 할 거예요.
- ☐ 작은 소리로 연습할 거예요.
- ☐ 학교에 자주 안 올 거예요.

배워요

1 한국어를 빨리 잘하고 싶어요? 그러면 한국어 선배의 말을 들어 볼까요?
想让你的韩语进步得更快吗？那么不妨让我们来听一听学韩语的师哥师姐们是怎么说的。

매일 학교에 와야 해요.

수업 시간에는 여러분 나라말로 말하지 마세요.
한국어로 이야기하세요.

동/형 -아야/어야/여야 하다/되다

1) 가 한국어를 잘하고 싶어요. 어떻게 해야 돼요?
   나 한국말로 많이 이야기해야 돼요.

2) 가 이 방은 어때요?
   나 친구하고 같이 살 거예요. 그래서 방이 더 커야 돼요.
   (더 → 更)

동사 -지 마세요

1) 가 수업 시간에 늦지 마세요.
   나 네. 알겠어요.

2) 가 같이 퇴근할까요?
   나 일이 많아요. 기다리지 말고 먼저 가세요.

말해요

1 재미있고 즐거운 한국어 수업을 위해 우리 반 규칙을 만들 거예요. '해야 돼요', '하지 마세요'를 사용해서 규칙을 만드세요.
为了营造生动有趣的韩语课堂氛围，我们要制定几条班规。用 '해야 돼요', '하지 마세요' 来制定班规吧。

1.

2.

3.

4.

5.

2 규칙을 친구들한테 소개하세요.
请向同学介绍我们的班规。

교실 규칙을 말할 수 있어요?	☆☆☆☆☆

말하기 3

길 묻기 ① 问路 ①

가는 길을 묻고 대답할 수 있다.

생각해 봐요

● 다음 그림을 보세요. 어디에 가요?
看下图。去哪里？

배워요

1 다음 표현을 배워요.
学习下面的表达方式。

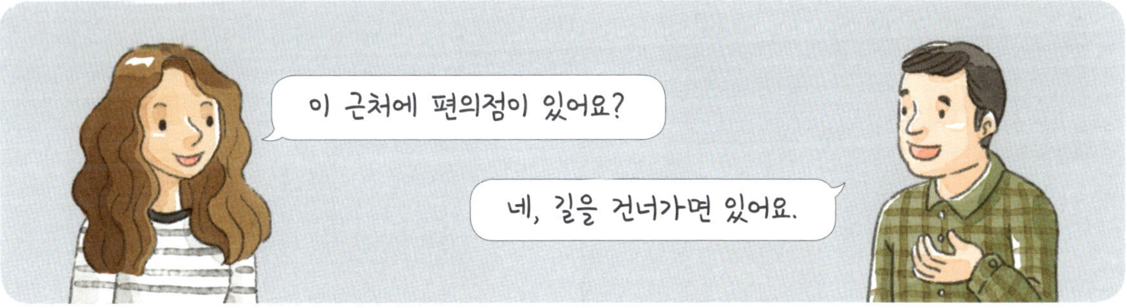

길 묻기 1 问路 1

지하철역

버스 정류장

길을 건너다/건너가다

편의점을 지나다

1) 가 버스 정류장이 어디에 있어요?
   나 이쪽으로 쭉 가면 있어요.
   (쭉 → 一直)

2) 가 편의점이 어디에 있어요?
   나 저기 은행이 있지요? 은행 지나서 오른쪽으로 가면 돼요.

3) 가 근처에 약국이 있어요?
   나 네, 저기에서 길을 건너면 돼요.

2 다음 그림을 보고 무엇이 어디에 있는지 이야기하세요.

看下面的图，说一说什么东西在哪里。

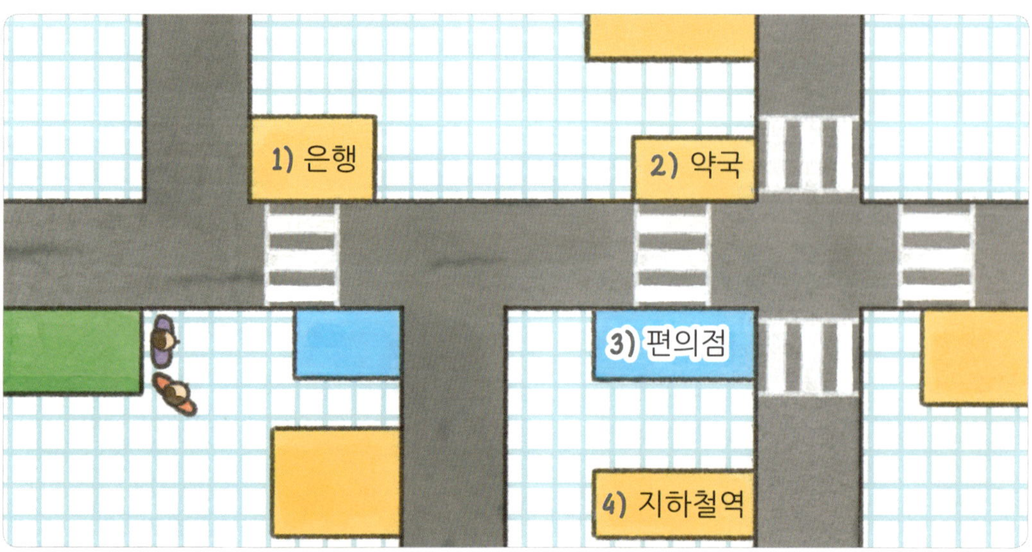

말해요

● **지도를 보고 가는 길을 묻고 대답하세요.**
看地图，问路并回答。

A 1 친구가 길을 물어요. 지도를 보고 대답하세요.
同学在问路，请看着地图给出回答。

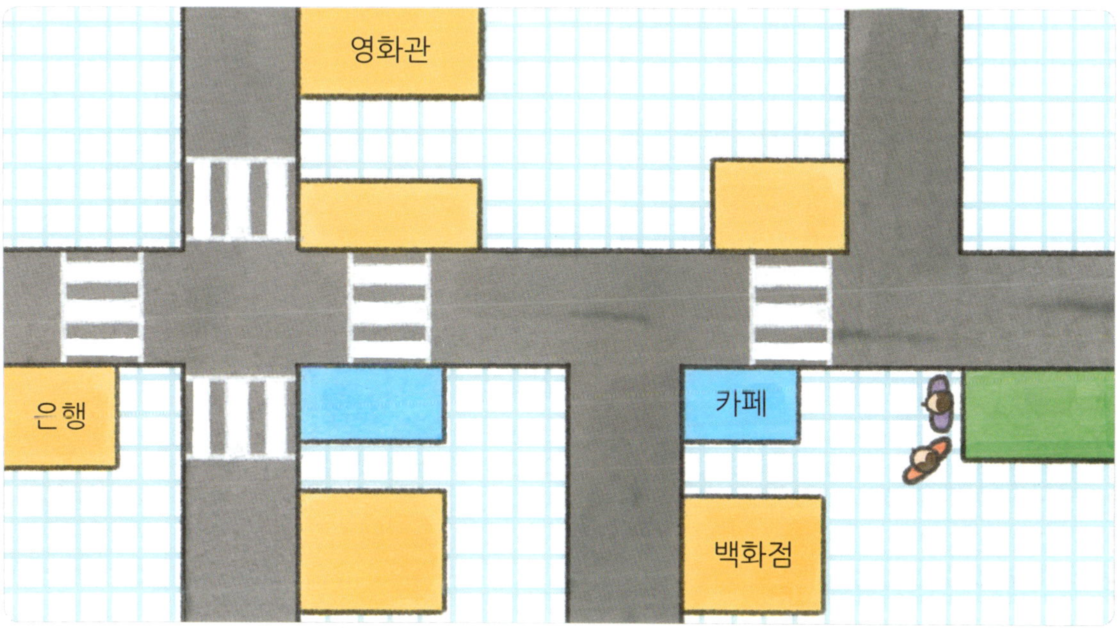

2 친구한테 가는 길을 물어보세요.
问一问同学你要去的地方怎么走。

1) 우체국　　2) 편의점　　3) 공원

B 1 친구한테 가는 길을 물어보세요.
问一问同学你要去的地方怎么走。

1) 은행　　2) 영화관　　3) 백화점

2 친구가 길을 물어요. 지도를 보고 대답하세요.
同学在问路，请看着地图给出回答。

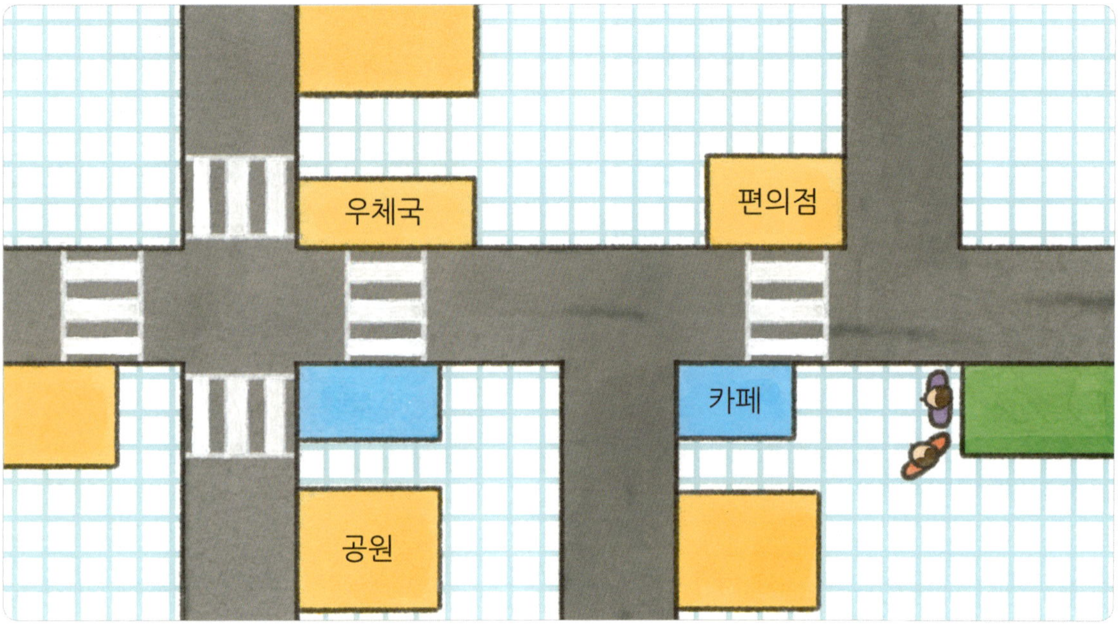

가는 길을 묻고 대답할 수 있어요?	☆☆☆☆☆

말하기 4

길 묻기 ② 问路 ②

교통편을 묻고 대답할 수 있다.

생각해 봐요

● 다음을 보세요. 어디에 가요? 어떻게 가요?
看以下内容。去哪里？如何前往？

출발	고려대	지도보기 ▶	길 찾기
도착	홍대	지도보기 ▶	

대중교통 경로

최단 약 47분(도보 2분)

6 고려대역 → 2 신당역 → 홍대입구역 하차

배워요

1 다음 표현을 배워요.
学习下面的表达方式。

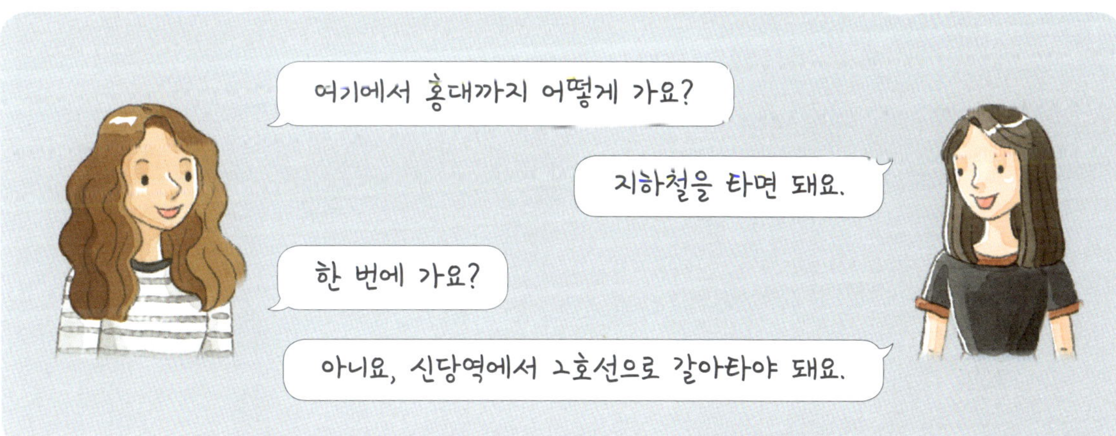

길 묻기 2 问路 2

○번 버스

지하철 ○호선

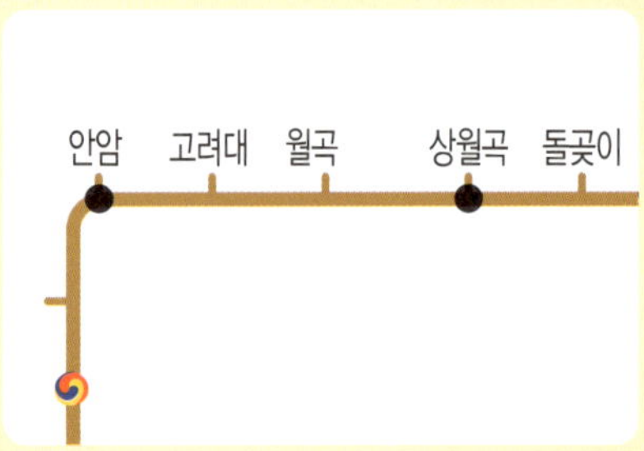

한 번에 가다/오다

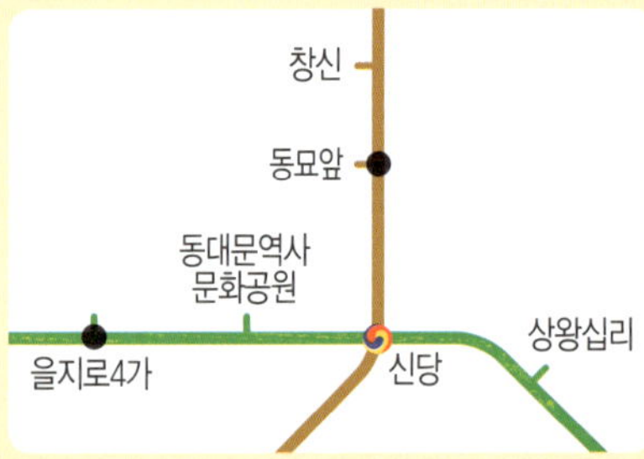

○(으)로 갈아타다

○번 출구로 나가다/나오다

1) 가 명동역까지 어떻게 가요?
   나 144번 버스를 타면 돼요.

2) 가 남산까지 한 번에 가요?
   나 아니요, 충무로역에서 버스로 갈아타야 돼요.

3) 가 경복궁에 어떻게 가요?
   나 5번 출구로 나가세요.

말해요

1 **다음과 같이 이야기하세요.**
请看下图说一说。

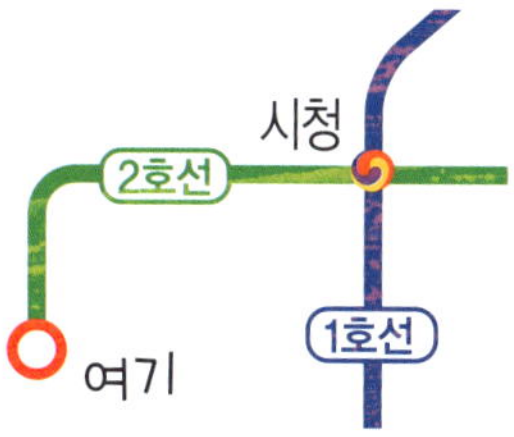

가 여기에서 학교까지 어떻게 가요?
나 2호선을 타고 시청역까지 가세요.
거기에서 1호선으로 갈아타세요.

1)

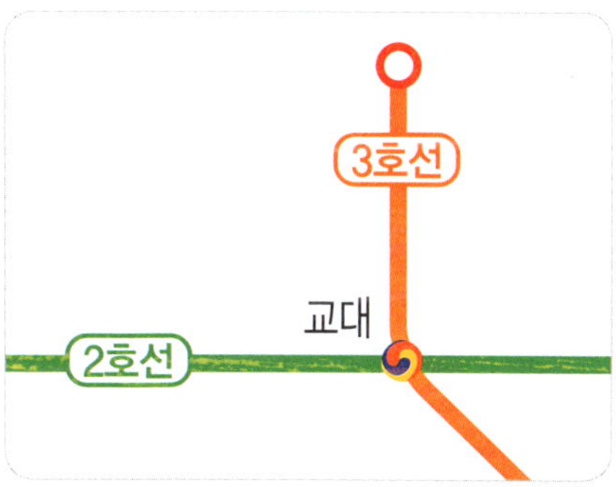

2)

3)

4)

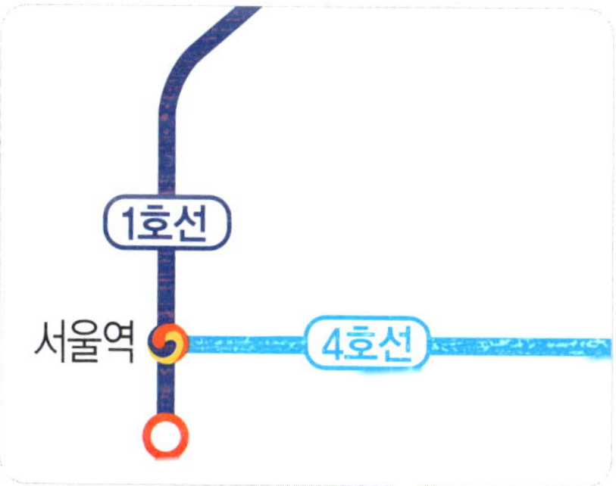

2 **다음의 장소까지 어떻게 가요? 친구하고 이야기하세요.**
怎么才能走到下面的地点？跟朋友聊一聊。

1) 강남역 2) 여의도역 3) ____________

교통편을 묻고 대답할 수 있어요?	☆☆☆☆☆

말하기 5

할 수 있는 것 能做到的事

할 수 있는 것과 할 수 없는 것을 말할 수 있다.

생각해 봐요

● 다음 사진을 보세요. 무엇을 해요? 어때요?
看以下照片。在做什么？怎么样？

말해요 1

1) 가 피아노를 칠 수 있어요?
   나 네, 칠 수 있어요. 어렸을 때 배웠어요.

2) 가 우리 자전거를 타러 갈래요?
   나 저는 자전거를 못 타요.

3) 가 도서관에 같이 가요.
   나 저는 학생증이 없어서 들어갈 수 없어요.
   学生证

동사 -(으)ㄹ 수 있다/없다

- 능력이 없다는 의미의 '-(으)ㄹ 수 없어요'는 보통 '못 + 동사'로 말해요.
  表示不具备某种能力的 '-(으)ㄹ수 없어요' 通常以 '못+动词' 的方式来表达。
  가 수영할 수 있어요?
  나 아니요, 못 해요.

1 다음과 같이 이야기하세요.

请仿照下方例句说话。

가 스키를 탈 수 있어요?
나 네, 탈 수 있어요.

1) 기타를 치다
2) 김치를 먹다
3) 수영을 하다
4) 운전을 하다 (驾驶)
5) 한국 노래를 부르다

2 다음과 같이 이야기하세요.

请仿照下方例句说话。

가 스키를 탈 수 있어요?
나 아니요, 못 타요.

1) 피아노를 치다
2) 자전거를 타다
3) 술을 마시다
4) 한국 음식을 만들다
5) 독일어를 하다

3 **여러분은 무엇을 할 수 있어요?**
你能做到的事情有哪些?

자전거를 타다 ☐	운전을 하다 ☐	피아노를 치다 ☐
한국 노래를 부르다 ☐	배드민턴을 치다 ☐	김치를 먹다 ☐
수영을 하다 ☐	스키를 타다 ☐	한국 음식을 만들다 ☐

말해요 2

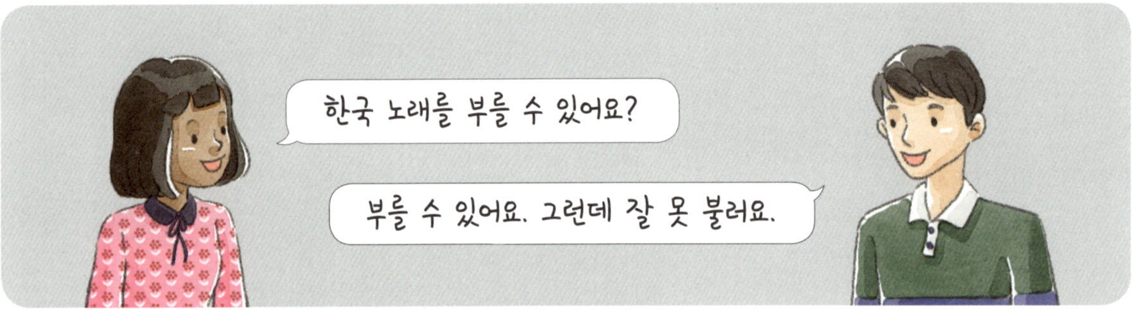

1) 가 한국어를 잘해요?
   나 아니요, 잘 못 해요.

2) 가 이만 씨가 배드민턴을 잘 쳐요?
   나 네, 아주 잘 쳐요. 전에 배드민턴 선수였어요.

3) 가 이번 주에 서울에 올 수 있어요?
   나 이번 주는 시간이 없어서 못 가요. 미안해요.

1 **다음과 같이 이야기하세요.**
请仿照下方例句说话。

할 수 있다 ☑		못 하다 ☐	
아주 잘 ☐	잘 ☑	잘 못 ☐	보통 ☐

가 자전거를 탈 수 있어요?
나 네, 탈 수 있어요.
가 잘 타요?
나 네, 잘 타요.

1)

할 수 있다 ☐		못 하다 ☐	
아주 잘 ☐	잘 ☐	잘 못 ☐	보통 ☐

2)

할 수 있다 ☐		못 하다 ☐	
아주 잘 ☐	잘 ☐	잘 못 ☐	보통 ☐

3)

할 수 있다 ☐		못 하다 ☐	
아주 잘 ☐	잘 ☐	잘 못 ☐	보통 ☐

4)

할 수 있다 ☐		못 하다 ☐	
아주 잘 ☐	잘 ☐	잘 못 ☐	보통 ☐

5)

할 수 있다 ☐		못 하다 ☐	
아주 잘 ☐	잘 ☐	잘 못 ☐	보통 ☐

할 수 있는 것과 할 수 없는 것을 말할 수 있어요?	☆ ☆ ☆ ☆ ☆

말하기 6

얼마나 자주 多久

무엇을 얼마나 자주 하는지 말할 수 있다.

생각해 봐요

● 다음 사진을 보세요. 무엇을 자주 해요? 얼마나 자주 해요?

看以下照片。你经常做哪些事情？多久做一次？

배워요

1 다음 표현을 배워요.

学习一下下面的表达方式吧。

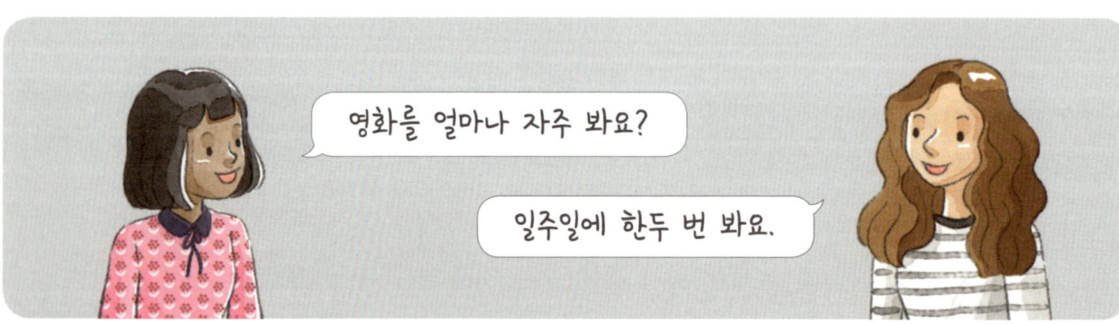

수 数

1~2	2~3	3~4
한두	두세	서너

1) 가 얼마나 자주 부모님한테 전화해요?
   나 일주일에 두세 번쯤 전화해요.

2) 가 게임을 얼마나 많이 해요?
   나 하루에 한두 시간쯤 해요.

기간 에 수 번

2 다음과 같이 이야기하세요.
请仿照例句练习说话。

청소를 하다
하루, 1

가 청소를 얼마나 자주 해요?
나 하루에 한 번 해요.

1) 요리를 하다 / 한 달, 2~3

2) 빨래를 하다 / 일주일, 1

3) 운동을 하다 / 일주일, 2~3

4) 영화를 보다 / 한 달, 3~4

5) 여행을 가다 / 일 년, 1~2

6) 쇼핑을 하다 / 서너 달, 1

3 **다음과 같이 이야기하세요.**
请仿照下方说话。

책
한 달, 1~2권

가 책을 얼마나 많이 읽어요?
나 한 달에 한두 권쯤 읽어요.

1) 커피 / 하루, 1~2잔

2) 게임 / 하루, 2~3시간

3) 스마트폰 / 하루, 3~4시간

4) 한국어 공부 / 하루, 1~2시간

5) 부모님한테 전화 / 일주일, 3~4번

6) 영화 / 한 달, 2~3번

말해요

1 **얼마나 자주 해요? 얼마나 많이 해요? 메모하세요.**
多久做一次？做多少？请记下来。

커피를 마시다 ______	쇼핑을 하다 ______	사진을 찍다 ______
스마트폰을 하다 ______	게임을 하다 ______	부모님한테 전화하다 ______
드라마를 보다 ______	운동 경기를 보다 ______	책을 읽다 ______
김밥을 먹다 ______	치킨을 먹다 ______	운동을 하다 ______
자전거를 타다 ______	산책을 하다 ______	홍대에 가다 ______
콘서트에 가다 ______	박물관에 가다 ______	______ ______

2 **친구는 무엇을 자주 해요? 얼마나 자주 해요? 다음과 같이 이야기하세요.**
同学们经常做什么？多久做一次？仿照下方例句说一说。

가 게임을 많이 해요?
나 네, 많이 해요.
가 얼마나 많이 해요?
나 하루에 두세 시간쯤 해요.

3 **우리 반에서 누가 제일 자주 해요? 누가 제일 많이 해요?**
我们班的同学里面谁最经常做下面的事情呢？谁做得最多呢？

1) 누가 사진을 제일 많이 찍어요?

2) 누가 게임을 제일 많이 해요?

3) 누가 운동을 제일 자주 해요?

4) 누가 치킨을 제일 자주 먹어요?

5)

무엇을 얼마나 자주 하는지 말할 수 있어요?	☆☆☆☆☆

말하기 7

취미 兴趣爱好

취미를 소개할 수 있다.

말해요

1 **여러분은 취미가 뭐예요? 친구들한테 여러분의 취미를 소개할 수 있어요?**
你的兴趣爱好是什么？你能向同学们介绍你的兴趣爱好吗？

1) 취미를 소개할 때 무엇을 말할 거예요? 메모하세요.

취미	
언제부터?	
보통 언제?	
얼마나 자주?	
어디에서?	
누구하고?	
앞으로 하고 싶은 것	
?	

2) 첫인사와 끝인사를 생각해 보세요.

안녕하세요? 저는 ○○○이에요/예요.

지금부터 제 취미를 소개하겠습니다.

이것으로 제 취미 소개를 마치겠습니다. 들어 주셔서 감사합니다.

질문 있으세요?

2 지금부터 친구들 앞에서 여러분의 취미를 소개하세요.

现在开始请在同学们面前介绍你的兴趣爱好。

취미를 소개할 수 있어요?	☆ ☆ ☆ ☆ ☆

말하기 8
건강 健康

건강에 좋은 생활 습관에 대해 말할 수 있다.

생각해 봐요

● 다음 사진을 보세요. 이 사람은 무엇을 해요? 건강에 좋아요, 나빠요?
看以下照片。这些人在做什么？对健康有益，还是对健康有害？

말해요

1 건강에 좋을까요, 안 좋을까요? 다음과 같이 이야기하세요.
有益于健康还是不益于健康？请仿照下方例句说一说。

한 번에 많이 먹다

가 한 번에 많이 먹는 것은 건강에 좋을까요?
나 아니요, 건강에 안 좋아요.
한 번에 많이 먹으면 안 돼요.

1) 아침을 먹다

2) 한 번에 많이 먹다

3) 물을 많이 마시다

4) 밤늦게 먹다

5) 과일을 많이 먹다

과일 → 水果

6) 커피를 많이 마시다

7) 잠을 많이 자다

8) 운동을 많이 하다

9) 스마트폰을 많이 하다

10) 밖에 안 나가고 집에만 있다

11) 자주 걸어서 다니다

12) 게임을 계속 하다

13) 청소를 자주 하다

14) 빨래를 자주 하다

15) 손을 자주 씻다

16) 외국어를 배우다

17) 악기를 배우다

18) 친구들하고 자주 놀다

2 어떻게 하면 건강하게 살 수 있을까요? 건강을 위한 생활 습관 목록을 만드세요.

怎样做才能健康地生活？请列出有益于健康的生活习惯目录。

1.

2.

3.

4.

5.

건강에 좋은 생활 습관에 대해 말할 수 있어요?	☆☆☆☆☆

말하기 9

좋아하는 것 喜欢的事物

좋아하는 것에 대해 묻고 대답할 수 있다.

생각해 봐요

● 다음 사진을 보세요. 사람들이 어떤 것을 좋아해요?
看以下照片。他们喜欢的是什么?

배워요

1 다음과 같이 이야기하세요.
请仿照下方例句说话。

키가 크다 　 키가 작다

➡ 키가 큰 사람하고 키가 작은 사람 중에서 어느 쪽을 더 좋아해요?

1) 성격이 좋다 / 멋있다

2) 공부를 잘하다 / 운동을 잘하다

3) 말이 많다 / 말이 없다

4) 놀이공원에 가다 / 박물관에 가다

5) 음악을 듣다 / 노래를 부르다

6) 덥다 / 춥다

7) 싸지만 불편하다 / 비싸지만 편하다

말해요

1 여러분은 어느 쪽을 좋아해요? 좋아하는 것에 표시하세요. 그리고 친구하고 이야기하세요.

你更喜欢哪一个？标出你喜欢的那个。然后跟朋友聊天。

1) 지하철을 타다 / 버스를 타다

2) 커피를 마시다 / 차를 마시다

3)

4)

5) 이야기를 하다 / 이야기를 듣다

6) 음식을 만들어서 먹다 / 식당에서 사 먹다

7)

8)

9) 음악을 듣다 / 텔레비전을 보다

10) 집에서 쉬다 / 밖에 나가서 놀다

11) 

12) 

13) 과자가 달다 | 과자가 짜다

14) 음료수가 뜨겁다 | 음료수가 차갑다

15) 

16) 

2 **남자 친구/여자 친구는 어땠으면 좋겠어요? 친구하고 이야기하세요.**

你喜欢什么样的男朋友/女朋友？跟朋友聊一聊。

1) 나이가 많다 | 나이가 같다 | 나이가 적다

2) 머리가 길다 | 머리가 짧다

3) 취미가 비슷하다 | 취미가 다르다

4) 말이 많다 | 말이 적다

5) 멋있다/예쁘다 | 똑똑하다

6) 성격이 좋다 | 돈이 많다

7) ______ | ______

3 **같은 대답이 있어요? 친구하고 비슷해요, 달라요?**

同学们的回答中有相同的答案吗？跟其他同学的答案相类似还是完全不同？

좋아하는 것에 대해 묻고 대답할 수 있어요?	☆ ☆ ☆ ☆ ☆

말하기 10

가족 家人

미래의 가족을 소개할 수 있다.

말해요

1 **여러분은 앞으로 어떤 가족을 만들 거예요? 결혼을 할 거예요? 아이도 낳을 거예요? 앞으로 10년, 20년 후 여러분의 가족을 상상해 보세요.**
你打算今后组建一个怎样的家庭？会结婚吗？也会要孩子吗？请想象一下10年、20年后你的家庭。

1) 가족은 누구 누구 있어요?

2) 결혼을 했어요? 안 했어요? 결혼을 했으면 언제 했어요?

3) 결혼을 했으면 남편, 아내는 어떤 사람이에요?

4) 결혼을 안 했으면 혼자 살아요? 다른 사람하고 같이 살아요?

5) 아이가 있어요? 몇 명 있어요? 아이는 어때요?

6) 여러분 집에 고양이, 개가 있어요? 어때요?

7) 가족하고 이야기를 많이 해요?

8) 앞으로 가족하고 함께 하고 싶은 것이 있어요?

2 친구들 앞에서 여러분의 미래의 가족을 소개하세요.
在同学面前介绍一下你未来的家庭。

3 다른 친구의 이야기를 들으면서 생각해 보세요. 누구의 가족이 가장 행복해요?
听听其他同学的家庭故事并想一想，谁的家庭最幸福?

미래의 가족을 소개할 수 있어요?	☆☆☆☆☆

말하기 11
부모님의 사랑 父母的爱

부모님의 사랑에 대해 말할 수 있다.

생각해 봐요

● 다음 사진을 보세요. 무엇을 나타내는지 이야기하세요.
看以下照片。说一说照片里表达的是什么。

말해요 1

1 다음 표현을 배워요.
学习下面的表达方式。

부모님의 사랑 父母的爱

낳다	키우다
돌보다	가르치다
안다	믿다

1) 가 아이가 있어요?

나 네, 삼 년 전에 딸을 낳았어요.

2) 가 할머니하고 같이 살았어요?

나 네, 어렸을 때 할머니께서 저를 돌봐 주셨어요.

사랑으로	따뜻하게	언제나	지금까지

1) 가 어머니는 어떤 분이세요?

나 힘들 때 따뜻하게 안아 주시고 언제나 저를 믿어 주셨어요.

2) 가 어머니가 안 계세요?

나 네, 일찍 돌아가셔서 아버지께서 지금까지 혼자서 저를 키우셨어요.

2 여러분의 부모님은 어떤 분이세요? 다음과 같이 이야기하세요.

你的父母是什么样的人？请仿照下方例句说一说吧。

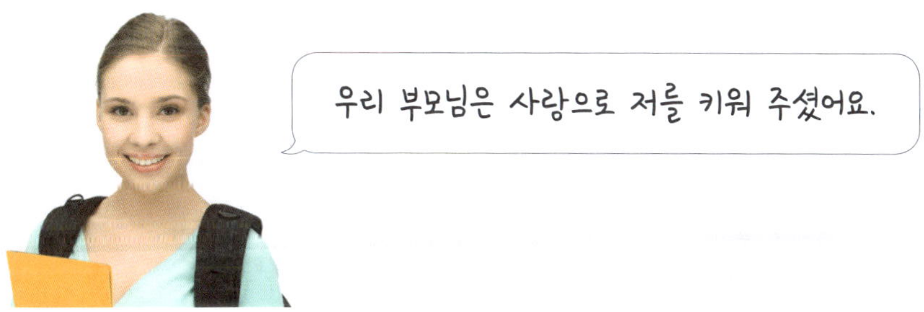

말해요 2

1 다음 표현을 배워요.

学习下面的表达方式。

효도 孝顺

건강하게 자라다/크다	열심히 공부하다	자주 연락드리다	
잘해 드리다	안아 드리다	사 드리다	선물해 드리다

1) 가 어머니 생신 때 뭘 해 드렸어요?
   나 어머니께 작은 선물을 사 드렸어요.

2) 가 부모님께 어떻게 효도를 하지요?
   나 자주 연락드리고 열심히 공부하면 돼요.

3) 가 강아지 많이 컸어요?
   나 네, 잘 먹고 잘 크고 있어요.

2 여러분은 부모님께 무엇을 해 드렸어요? 무엇을 해 드릴 거예요? 다음과 같이 이야기하세요.
你都为父母做了什么？将要为他们做些什么？请仿照下方例句说一说吧。

지금까지는 부모님께 잘 못해 드렸지만 앞으로 자주 안아 드리고 전화도 자주 드릴 거예요.

부모님의 사랑에 대해 말할 수 있어요?	☆ ☆ ☆ ☆ ☆

말하기 12
여행 旅行

여행 경험을 소개할 수 있다.

생각해 봐요

● 다음 지도를 보세요. 이 사람은 어디 어디에 갔어요?
请看下面的地图。这个人都去过哪里?

말해요

1 여러분이 한 여행을 소개하려고 해요. 다음에 대해 메모하세요.
你打算介绍一下自己曾经的旅行经历。请记录下面的内容。

1) 어디에 갔어요? 그곳의 이름은 뭐예요?

2) 언제 갔어요? 며칠 동안 갔어요?

3) 누구하고 갔어요?

4) 무엇을 타고 갔어요?

5) 그때 날씨가 어땠어요?

6) 그곳에서 어디 어디에 갔어요?

7) 그곳에서 무엇을 했어요?

8) 그곳에서 처음 한 것이 있어요? 무엇을 해 봤어요?

9) 느낌이 어땠어요?

2 메모를 바탕으로 여행 경험을 소개할 거예요. 재미있게 소개하려면 어떻게 해야 할까요? 여행 사진이 있으면 가져오세요.
围绕记录的内容介绍你的旅行经历。若想使你的介绍生动有趣应该怎样做？如果有旅行时拍的照片请带来。

3 친구들한테 여행 사진을 보여 주면서 소개하세요.
边给同学们看你的旅行照片边介绍。

4 친구의 소개를 듣고 궁금한 것이 있으면 질문하세요.
听听同学的介绍，对想知道的内容提问。

여행 경험을 소개할 수 있어요?	☆☆☆☆☆

말하기 13

가정 假设

가정해서 말할 수 있다.

생각해 봐요

● 여러분이면 어떻게 할 거예요? 무엇을 하고 싶어요? 생각해 보세요.
如果是你的话，你会怎么做呢？你想做些什么？想一想。

말해요

1 여러분이면 어떻게 할 거예요? 다음과 같이 이야기하세요.
如果是你的话，你会怎么做呢？请仿照下方例句说话。

돈이 하나도 없다

가 돈이 하나도 없으면 어떻게 할 거예요?
나 친구한테 전화할 거예요.

1) 한국어 수업이 재미없다

2) 얼굴에 뭐가 많이 나다

3) 한국 생활이 너무 힘들다

4) 부모님이 보고 싶다

5) 교실이 너무 시끄럽다

6) 친구의 성격이 이상하다

2 다음 상황이 되면 무엇을 하고 싶어요? 친구하고 이야기하세요.
假如下面的情况发生在你身上，你想做些什么？跟朋友聊一聊。

1) 가수/배우가 되다

2) 돈이 아주 많다

3) 지금부터 일 년만 살 수 있다

4) 다른 사람들이 나를 볼 수 없다

3 여러분은 무엇이든지 할 수 있어요. 그러면 무엇을 하고 싶어요? 친구하고 이야기하세요.
假设你可以做任何事情，那么你想做些什么？跟朋友聊一聊。

1) 무엇이든지 할 수 있으면 무엇을 하고 싶어요?

2) 어디든지 갈 수 있으면 어디에 가고 싶어요?

3) 누구든지 만날 수 있으면 누구를 만나고 싶어요?

4) 다른 사람이 될 수 있으면 누가 되고 싶어요?

5)

가정해서 말할 수 있어요?	☆ ☆ ☆ ☆ ☆

말하기 14

사람 찾기 找人

복장을 설명할 수 있다.

생각해 봐요

● 다음 사진을 보세요. 무엇을 입었어요? A와 B는 무엇이 달라요?
看以下照片。她穿着什么？A和B有什么不同？

A

B

배워요

1 다음 표현을 배워요.
学习下面的表达方式。

복장 着装

옷

신발

양말

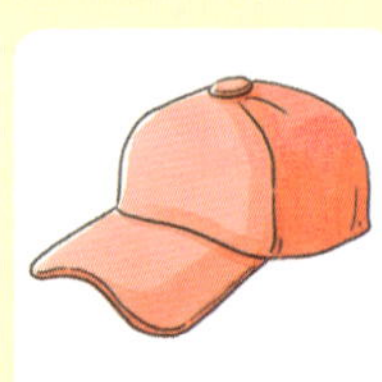
모자

안경

가방

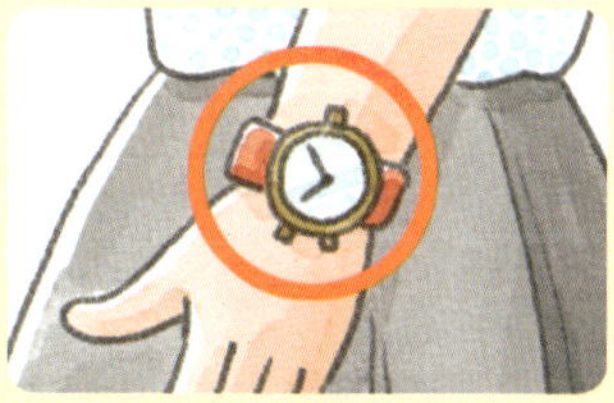

시계

목도리/스카프

장갑

탈착 穿脱

옷을 입다 ↔ 벗다	신발을 신다 ↔ 벗다	양말을 신다 ↔ 벗다
모자를 쓰다 ↔ 벗다	안경을 쓰다 ↔ 벗다	가방을 메다/들다 ↔ 내려놓다
시계를 차다 ↔ 풀다	목도리/스카프를 하다 ↔ 풀다	장갑을 끼다 ↔ 빼다

2 **다음과 같이 이야기하세요.**
请仿照下方例句说话。

가 안경을 썼어요?
나 네, 안경을 썼어요.

가 안경을 썼어요?
나 아니요, 안경을 벗었어요.

1) 

2) 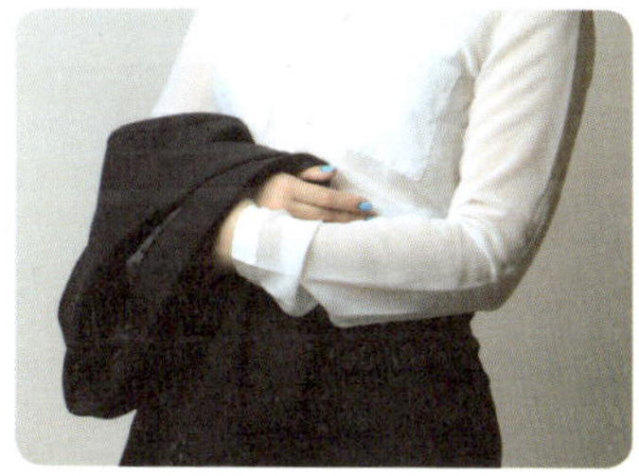

3) 

4) 

5) 

6) 

7) 

8) 

9) 

말해요 1

1 무엇을 입었어요? 무엇을 했어요? 다음과 같이 이야기하세요.
穿了什么？戴了什么？请仿照下方例句说话。

나쓰미 씨는 오늘 분홍색 원피스를 입었어요.
그리고 까만색 가방을 메고 있어요.

나쓰미 카밀라 세진 용재 웨이

2 공항 검색대의 직원이 되어서 승객한테 이야기하세요.
假设你是机场安检员，请试着与乘客对话。

- 시계를 푸세요.
-
-
-

말해요 2

1 친구한테 친구를 소개해 주려고 해요. 처음 만나는 친구들이 서로를 잘 찾을 수 있게 복장을 설명하세요.
你打算向同学介绍自己另外的同学。为使初次见面的同学能互相找到对方，请对他们的着装进行说明。

1) 누구를 소개해 줄 거예요? 그 사람의 복장을 설명하세요.

2) 누구를 소개했어요? 설명을 듣고 찾으세요.

3) 누구를 소개해 줄 거예요? 그 사람의 복장을 설명하세요.

4) 누구를 소개했어요? 설명을 듣고 찾으세요.

복장을 설명할 수 있어요?	☆☆☆☆☆

말하기 15

추측 推测

추측해서 이야기할 수 있다.

생각해 봐요

● 다음 사진을 보세요. 무엇을 하는 것 같아요?
看以下照片。你觉得他们在做什么？

말해요

1 그림을 보고 추측해서 이야기하세요.
看图，说说你推测出来的内容。

- 이 사람은 학생인 것 같아요.
- 모자가 작은 것 같아요.

…

2 **그림을 보고 추측해서 이야기하세요.**
看图，说说你推测出来的内容。

- 교실이 더운 것 같아요.
- 이 사람은 여자 친구하고 전화하는 것 같아요.

…

추측해서 이야기할 수 있어요?	☆☆☆☆☆

말하기 16

축하와 위로 祝贺与安慰

축하와 위로의 말을 할 수 있다.

생각해 봐요

● 다음 사진을 보세요. 사람들이 무엇을 하고 있어요? 기분이 어떤 것 같아요?
看以下照片。他们在做什么？心情看起来如何？

말해요 1

1 다음 표현을 보고 축하하는 말에는 '축', 위로하는 말에는 '위'를 쓰세요.
看下面的表达方式，在表示祝贺的句子后面写 '축'，在表示安慰的句子后面写 '위'。

축하해요.	축	힘내세요.	
너무 걱정하지 마세요.		괜찮아요. 잘될 거예요.	

정말 잘됐네요.	그동안 수고했어요.
어떡해요?	정말 기쁘겠어요.

2 **다음과 같이 이야기하세요.**
请仿照下方例句说话。

시험을 잘 못 봤다

가 시험을 잘 못 봤어요.
나 힘내세요.

시험을 잘 봤다	남자/여자 친구하고 헤어졌다
동생이 아프다	회사에 취직했다

말해요 2

1 **그동안 어떤 일이 있었는지 이야기하세요. 친구의 이야기를 듣고 축하와 위로를 해 주세요.**
说一说这段时间都发生了什么事。听一听同学们的故事，对他们表示祝贺或予以安慰。

하리마(이집트, 여)

- 이번에 장학금을 받았다.
- 요즘 돈이 없어서 걱정이 많았다.
- 한국어 공부를 친구가 도와줬다.

세르게이(러시아, 남)

- 취직 시험에서 떨어졌다.
- 시험 준비를 6개월 전부터 했다.
- 다음 시험은 내년에 있다.

첸(중국, 남)

- 지난주에 할머니께서 돌아가셨다.
  - 어렸을 때 나를 키워 주셨다.
  - 작년부터 건강이 안 좋으셨다.

고트라(인도, 남)

- 다음 달에 결혼을 하다.
  - 결혼할 여자는 한국 사람이다.
  - 결혼한 후에 인도에서 살 것이다.

노엘라(프랑스, 여)

- 어제 노트북을 잃어버렸다.
  - 카페에서 노트북을 썼다.
  - 아버지께서 사 주셨다.

리나(일본, 여)

- 지난달에 남자 친구하고 헤어졌다.
  - 지난주에 새 남자 친구가 생겼다.
  - 새 남자 친구는 멋있고 똑똑하다.

축하와 위로의 말을 할 수 있어요?	☆☆☆☆☆

말하기 17

인사 打招呼

반말로 인사할 수 있다.

생각해 봐요

● **다음 사진을 보세요. 이 사람들은 무엇을 해요?**
看以下照片。这些人在做什么?

배워요

1 다음 표현을 배워요.
学习下面的表达方式。

1)

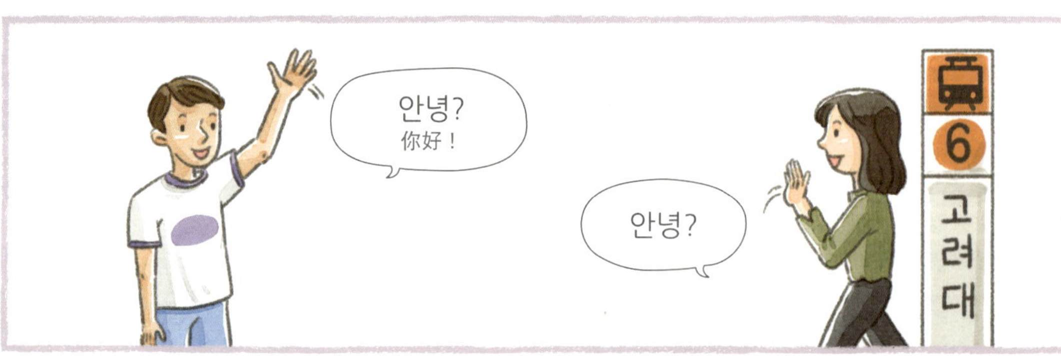

• ‘어디 가?’라고 인사하기도 해요.
见面时也会用 ‘어디 가?’ 来打招呼。

2)

3)

4)

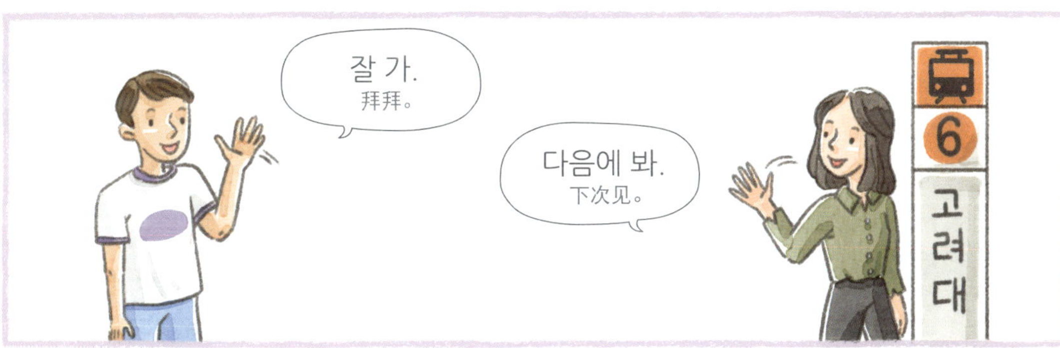

5)

- '다음에 만나.', '또 봐.'라고 인사하기도 해요.
  与人分别时也会说 '다음에 만나.', '또 봐.'。

6)

7)

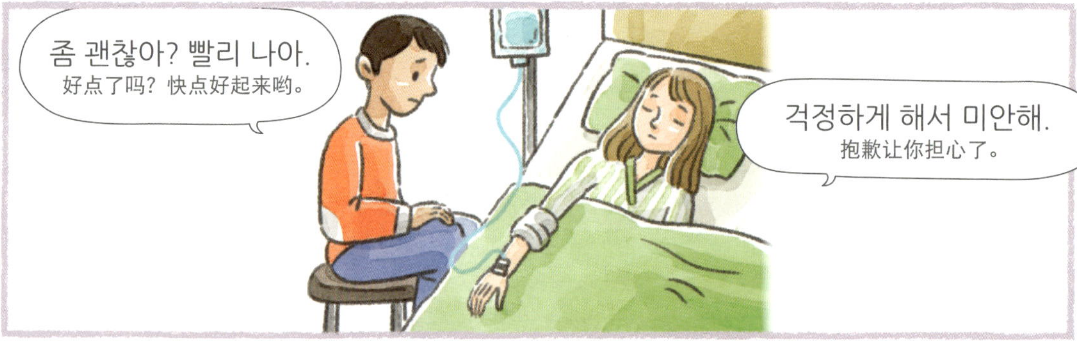

8)

- 도움이 필요 없을 때는 '아니야, 괜찮아.'라고 말해요.
不需要帮助时，可以说 '아니야, 괜찮아.'。

9)

10)

11)

12)

말해요

1 **다음 그림을 보고 이야기하세요.**
请看下图说一说。

1)

2)

3)

4)

5)

6)

2 오늘부터 반말로 인사하세요.

今天开始用平语打招呼吧。

반말로 인사를 할 수 있어요?	☆ ☆ ☆ ☆ ☆

말하기 18

안부 问候

반말로 안부와 근황을 이야기할 수 있다.

생각해 봐요

● 다음 사진을 보세요. 이 사람들은 어떤 이야기를 할까요?
看以下照片。他们会说些什么呢?

말해요 1

1 다음에 대해 친구하고 반말로 이야기하세요.
跟同学用平语聊一聊下面的话题。

1)

지기소개

- 직업 / 하는 일은?
- 한국에는 언제?
- 2급을 수료한 후에는?
- 하고 싶은 일은?

2)

위치
- 우리 학교에 있는 것은?
[정수기, 자판기…]
- 어디에?

3)

여가 생활

- 수업이 끝난 후에는 보통?
- 휴일에는 보통?
- 취미는? 누구하고? 어디에서?

4)

건강

- 요즘 건강은?
- 어디가 자주 아파?
- 아프면 어떻게 해?

5)

취향

- 좋아하는 음식은?
- 좋아하는 장소는?
- 좋아하는 사람은?

6)

가족

- 가족은?
- 사는 곳은?
- 하는 일은?
- 좋아하는 일은?
- 제일 만나고 싶은 사람은?
- 만나면 하고 싶은 일은?

7)

여행

- 여행 좋아해? 왜?
- 가 본 곳은?
- 거기에서 한 일은? 먹어 본 음식은? 어땠어?
- 지금까지 간 곳 중에서 어디가 제일?
- 지금까지 먹은 음식 중에서 뭐가 제일?

8)

옷 사기

- 좋아하는 색하고 싫어하는 색은?
- 자주 입는 옷은?
- 제일 많은 옷은?
- 어디에서 쇼핑? 얼마나 자주?

9)

축하와 위로

- 언제 외로워? 그러면 어떻게 해?
- 언제 화가 나? 그러면 어떻게 해?
- 제일 기쁜 일은?
- 제일 슬픈 일은?

말해요 2

● 동창회에서 5년 만에 만난 친구하고 반말로 안부와 근황을 이야기하세요.
在同学聚会上见到了五年未见的老同学，请跟他用平语问候，并聊一下近况吧。

1 오래간만에 만난 친구하고 어떻게 인사할 거예요? 생각해 보세요.
想一想怎样跟久未见面的朋友打招呼。

2 다음 사람이 되어 안부와 근황을 이야기하세요.
假设你是下面的人，打个招呼并聊聊近况。

A

- ✔ 어학원 4급 수료
- ✔ 한국 대학교 입학
- ✔ 한국 회사 취직
- ✔ 2년 전에 결혼해서 아들 한 명

B

- ✔ 어학원 2급 수료 후 고향으로 돌아감
- ✔ 고향에서 대학교 졸업
- ✔ 작년 한국 자동차 회사 취직

C

- ✔ 어학원을 졸업한 후에 고향에 감
- ✔ 고향에서 요리 학교 입학
- ✔ 올해 한국에서 식당을 시작

D

- ✔ 4급 다닐 때부터 번역 아르바이트
- ✔ 고향에서 기자가 됨
- ✔ 한국에 자주 옴
- ✔ 나음 달에 결혼

반말로 안부와 근황을 이야기할 수 있어요?	☆ ☆ ☆ ☆ ☆

말하기 19

이야기 만들기 编故事

이야기를 만들 수 있다.

생각해 봐요

● 다음을 보세요. 여러분은 이 이야기를 알아요?
看以下内容。大家知道这个故事吗?

배워요

1 이야기에 나오는 동물 이름을 배워요.
学一学故事里出现的动物名称。

동물 动物

강아지/개

고양이

호랑이

사자

곰

토끼 거북이 소 돼지 닭

여우 코끼리 기린 하마 고래

2 **이야기에 나오는 사람을 배워요.**

学一学故事里出现的人物。

사람 人物

남자/여자아이 소년/소녀 청년/아가씨

아저씨 아줌마 할아버지 할머니

왕/여왕 왕비 왕자 공주 마녀

3 **이야기에 자주 나오는 표현을 배워요.**
学一学故事里经常出现的表达方式。

옛날 옛날 어느 마을에	한 ○○이/가 살았어요
그러던 어느 날	영원히 행복하게 살았대요

말해요 1

1 **다음 그림을 보고 이야기를 만드세요.**
看下面的图，编一个故事。

1)

2)

3)

4)

5)

6)
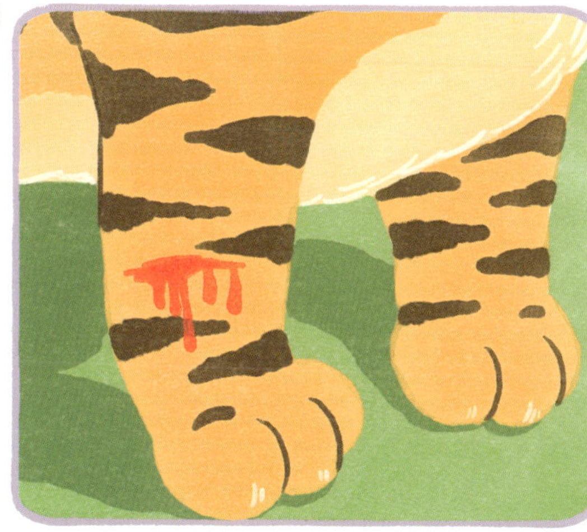

7)

8)

9)

10)

2 이제 여러분이 이야기를 만드세요.

下面就由你来编故事吧。

① 어디에?	옛날 옛날
② 누가?	살고 있었어요.
③ 그 사람은 어때요? 어떻게 살아요?	
④ 무슨 일이 생겼어요?	그러던 어느 날
⑤ 어떻게 되었어요?	
⑥ 마지막은?	행복하게 살았대요.

이야기를 만들 수 있어요?	☆☆☆☆☆

말하기 20

게임 游戏

1 빙고 게임을 하세요.

玩一玩宾果游戏。

<게임 방법>

1. <몸>, <옷>, <여행지> 중에서 하나를 선택!
2. 그 주제의 단어 중에서 생각나는 단어를 아래의 표에 쓰세요.
3. 친구와 순서대로 단어를 하나씩 말하세요.
4. 내가 말하는 단어나 친구가 말하는 단어가 아래의 표에 있으면 그 단어에 ○를 표시하세요.
5. 가장 빨리 세 줄을 만드는 사람이 승리!

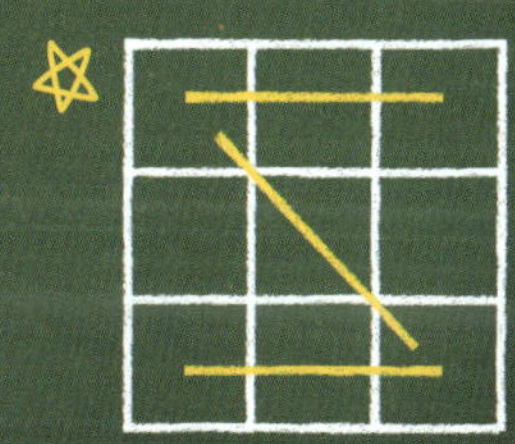

2 여러분은 어떤 것을 해 봤어요? 누가 가장 많은 경험을 해 봤을까요?
你都做过哪些事？谁的经历最丰富呢？

<게임 방법>

1. 4~5명이 한 팀을 만드세요. 그리고 손가락을 모두 펴서 앞으로 보여 주세요.
2. 한 사람씩 돌아가면서 자신이 한 특별한 경험을 이야기하세요.

노래방에서 세 시간 이상 노래해 본 사람 손가락 접어!

3. 친구가 말하는 경험을 나도 해 봤으면 손가락을 접으세요.

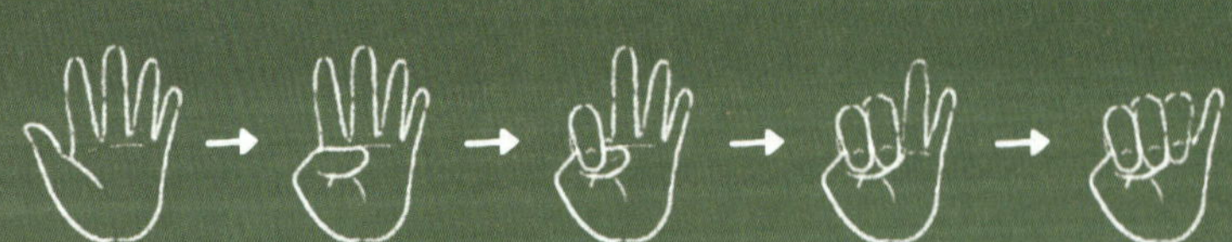

4. 가장 빨리 손가락을 다 접은 사람이 승리!
5. 끝까지 손가락이 남아 있는 사람에게 벌칙을 주세요. 어떤 벌칙을 줄까요?

벌칙!

3 다음 게임을 하세요.

做下面的游戏。

- 시작! Start!
- 1 -(으)려고 하다
- 2 -(으)면 되다
- "꽝"
- 4 앞으로 2칸
- 5 언제 기분이 좋아요?(3개)
- 6 -(으)면
- 7 뒤로 4칸
- 8 -고 있다
- 9 교실에서 하면 안 되는 것 3개
- 10 -는데/(으)ㄴ데
- 11 앞으로 3칸
- 12 -는 것 같다
- "꽝"
- 14 -아/어/여 보다
- 15 어떤 사람을 좋아해요?
- 16 뒤로 2칸
- 17 반말로 친구에게 질문 3개
- 18 -지만
- 끝! Finish!

어휘 찾아보기 (단원별)

말하기 2

- 새 단어

더

말하기 3

- 길 묻기 1

지하철역, 버스 정류장, 길을 건너다/건너가다, 편의점을 지나다

- 새 단어

쭉

말하기 4

- 길 묻기 2

○번 버스, 지하철 ○호선, 한 번에 가다/오다, (으)로 갈아타다, ○번 출구로 나가다/나오다

말하기 5

- 새 단어

학생증, 운전을 하다

말하기 11

- 부모님의 사랑

낳다, 키우다, 돌보다, 가르치다, 안다, 믿다
사랑으로, 따뜻하게, 언제나, 지금까지

- 효도

건강하게 자라다/크다, 열심히 공부하다, 자주 연락드리다, 잘해 드리다, 안아 드리다, 사 드리다, 선물해 드리다

말하기 14

- 복장

옷, 신발, 양말, 모자, 안경, 가방, 시계, 목도리/스카프, 장갑

- 탈착

옷을 입다 ↔ 옷을 벗다, 신발을 신다 ↔ 신발을 벗다, 양말을 신다 ↔ 양말을 벗다, 모자를 쓰다 ↔ 모자를 벗다, 안경을 쓰다 ↔ 안경을 벗다, 가방을 메다/들다 ↔ 가방을 내려놓다, 시계를 차다 ↔ 시계를 풀다, 목도리/스카프를 하다 ↔ 목도리/스카프를 풀다, 장갑을 끼다 ↔ 장갑을 빼다

말하기 16

- 축하와 위로

힘내다, 잘되다

말하기 17

- 인사

안녕?, 왔어?, 오래 기다렸어?, 어서 와, 잘 가, 다음에 봐, 다음에 만나, 또 봐, 먼저 갈게, 조심해서 가, 잘 있어, 좀 괜찮아? 빨리 나아, 걱정하게 해서 미안해, 도와줄까?, 고마워, 미안해, 괜찮아, 맛있게 먹어, 잘 먹을게, 잘 자, 잘 잤어?

말하기 19

• **동물**

강아지/개, 고양이, 호랑이, 사자, 곰, 토끼, 거북이, 소, 돼지, 닭, 여우, 코끼리, 기린, 하마, 고래

• **사람**

남자아이, 여자아이, 소년, 소녀, 청년, 아가씨, 아저씨, 아줌마, 할아버지, 할머니, 왕, 여왕, 왕비, 왕자, 공주, 마녀

어휘 찾아보기 (가나다순)

문법 찾아보기

말하기 2

동/형 -아야/어야/여야 하다/되다

- 어떤 일을 할 필요가 있거나 어떤 상태일 필요가 있음을 나타낸다.
  表示有做某事的必要或有必要保持某种状态。

가 오늘 뭐 해요?
나 친구가 한국에 와요. 그래서 공항에 가야 돼요.

동사 -지 마세요

- 어떤 행동을 금지함을 나타낸다.
  表示禁止某种行动。

가 교실에서 음식을 먹지 마세요.
나 네, 알겠어요.

말하기 5

동사 -(으)ㄹ 수 있다/없다

- 어떤 행동을 할 능력이 있거나 없음을 또는 어떤 행동이 가능하거나 가능하지 않음을 나타낸다.
  表示有或没有做某事的能力，还可表示某种行为的可能性。

가 한국 음식을 만들 수 있어요?
나 아니요, 못 만들어요.

말하기 6

기간 에 수 번

- 일정한 기간 동안에 일을 한 횟수를 나타낸다.
  表示一定时期内做某事的次数。

가 쇼핑을 자주 해요?
나 한두 달에 한 번 해요.

MEMO

고려대 재미있는 한국어 2 中文版

말하기 Speaking

초판 발행	2019년 8월 12일
2판 발행 1쇄	2021년 6월 10일
지은이	고려대학교 한국어센터
펴낸곳	고려대학교출판문화원 www.kupress.com kupress@korea.ac.kr 02841 서울특별시 성북구 안암로 145 Tel 02-3290-4230, 4232 Fax 02-923-6311
유통	한글파크 www.sisabooks.com / hangeul book_korean@sisadream.com 03017 서울시 종로구 자하문로 300 시사빌딩 Tel 1588-1582 Fax 0502-989-9592
일러스트	최주석, 황주리
편집디자인	한글파크
찍은곳	경성문화사
ISBN	979-11-90205-00-9 (세트) 979-11-90205-81-8 04710

값 12,000원